CW01509922

Μικρές Ιστορίες
σε Απλά Ελληνικά

Νένη Κολέθρα

Περιπέτεια στη Μάνη

**Peripetia
sti Mani**

4° ΕΠΙΠΕΔΟ

© Copyright Ευφροσύνη Αρβανιτάκη 1999

I.S.B.N. 960-7914-12-0

1η έκδοση: Μάρτιος 1999 - 2η έκδοση: Αύγουστος 2000

Επιμέλεια έκδοσης: *Φρόσω Αρβανιτάκη*
Καλλιτεχνική επιμέλεια: *Λαμπρινή Μάνου*
Σκίτσα: *Μαρία Θειοπούλου*

Ευφροσύνη Αρβανιτάκη - Εκδόσεις ΔΕΛΤΟΣ
Πλαστήρα 69., 17121 Νέα Σμύρνη, Ελλάς
tel. 01-9322393 fax 01-9337082 e-mail deltospub@hotmail.com
Efrossini Arvanitaki - DELTOS Publications
69 Plastira St., 17121, Nea Smyrni, Greece

1 - Φτάνοντας στο σπίτι της Άννας

Κατεβαίνοντας από το λεωφορείο τους είδα να κάθονται στη στάση. Ο ένας ψηλός, μελαχρινός, περίπου στην ηλικία μου. Ο άλλος μέχρι πέντε χρόνια μεγαλύτερος, κοντύτερος, ξανθοκάστανος. Μαυρισμένοι και οι δύο από τον ήλιο. Τους πρόσεξα, ήταν σα να είχαν έρθει για μένα εκεί. Άλλωστε, δεν κατέβηκε κανένας άλλος από το λεωφορείο. Τους είδα να με κοιτάνε προσεχτικά. Μ' άρεσε που ήταν εκεί, που ήταν αυτοί οι πρώτοι άνθρωποι που συναντούσα στο χωριό. Με αυτή την αίσθηση, ξεκίνησα για το σπίτι της Άννας. Είχα ακριβείς οδηγίες για το πώς θα βρω το σπίτι, δεν είχα καιρό για χάσιμο. Ήθελα να φτάσω όσο γινόταν πιο γρήγορα. Πήρα τον πρώτο δρόμο προς τη θάλασσα, ευθεία μέχρι κάτω στην παραλία και μετά αριστερά. Ήταν τρία πέτρινα διώροφα σπίτια στη σειρά, το σπίτι της Άννας ήταν το μεσαίο. Ήταν τόσο απλό. Δεν μπορούσα να μην το βρω. Άλλωστε το χωριό ήταν πολύ μικρό! Η ώρα ήταν περίπου οχτώ το βράδυ. Ο ήλιος ήταν ήδη ο μισός μέσα στη θάλασσα. Ήταν αυτή η γλυκιά ώρα της ημέρας...

Η καλή μου φίλη η 'Αννα! Γνωριστήκαμε πριν από ένα χρόνο όταν νοίκιασε τον πρώτο όροφο στο σπίτι μας. 'Ηταν έγκυος τότε. Με μια τεράστια κοιλιά. Τα ελληνικά της με μια ξενική προφορά. Γεννημένη και μεγαλωμένη στην Αμερική από 'Ελληνες γονείς, ήλθε στην Ελλάδα για διακοπές, γνώρισε τον άντρα της και έμεινε. Της ά-ρεσε η ζωή στην Ελλάδα. Παντρεύτηκαν, ο άντρας της δεν είχε **κάνει το στρατιωτικό του** και πήγε στρατιώτης. Τώρα σε λίγους μήνες τελειώνε. Επτά χρόνια μεγαλύτερη από μένα. Μ' ένα μωρό δέκα μηνών.

Με την πρώτη φορά που την είδα, τη συμπάθησα αμέ-σως. Το ίδιο κι αυτή. Σίγουρα ήταν η χημεία. Αλλά όχι μόνο αυτό. Η 'Αννα μού έβγαζε τη χαρούμενη και αστεία πλευρά του εαυτού μου και αυτό μου άρεσε. Γίναμε στε-νές φίλες. Μιλούσαμε ασταμάτητες ώρες, η κάθε μία για τα δικά της, κάναμε αστεία, παίζαμε, μερικές φορές σα μικρά παιδιά. Πριν φύγει για διακοπές, με προσκάλεσε να περάσω δέκα πέντε μέρες μαζί της στο πατρικό σπίτι της μητέρας της, σ' ένα χωριό κοντά στην Καλαμάτα, στη Νότια Πελοπόννησο.

Νά 'μαι τώρα μπροστά στο σπίτι. Στη μισάνοικτη πόρτα του ισόγειου ήταν καθισμένη σε ένα χαμηλό **σκαμνάκι** μια γιαγιούλα, που ταίριαζε απόλυτα στην περιγραφή

κάνει το στρατιωτικό του κάθε 'Ελληνας πρέπει να πάει για πε-ρίπου δυο χρόνια στον στρατό

σκαμνάκι

που είχα για τη γιαγιά της 'Αννας. Τη χαιρέτησα.

- Η 'Αννα μένει εδώ; ρώτησα.

- Κι εγώ 'Αννα είμαι, αλλά νομίζω πως δεν ψάχνεις εμένα. Η εγγονή μου η 'Αννα είναι μέσα στην αυλή, είπε μ' ένα αστείο ύφος που θύμιζε πολύ την 'Αννα.

Δίπλα στο σπίτι υπήρχε μια σιδερένια πόρτα που έβγαζε στην αυλή. Την άνοιξα, η πόρτα **έτριξε.** Η 'Αννα που έπαιζε με την κόρη της, άκουσε το τρίξιμο, σήκωσε τα μάτια και με είδε. Πετάχτηκε επάνω κι έτρεξε να με χαιρετήσει, φανερά χαρούμενη που μ' έβλεπε.

- Αλίκη μου, ήρθες επιτέλους! Σε περιμέναμε πώς και πώς. Και όχι μόνο εμείς. Ξέρεις το χωριό είναι μικρό. Και όποιος φίλος έρθει, που δεν είναι γνωστός σε όλους, είναι γεγονός. Έτυχε να πω ότι σε περιμένω και τώρα σε περιμένει όλο το χωριό.

Αγκαλιαστήκαμε. Είχε περάσει τόσος καιρός από τότε που έφυγε για το χωριό! Σχεδόν δύο ολόκληροι μήνες. Και ήταν τόσο ωραίο να βρισκόμαστε πάλι μαζί! Τώρα καταλάβαινα πόσο μου έλειψε. Πόσα είχα να της πω.

Μετά γύρισα να δω τη μικρή, τη Χριστίνα. Την πήρα αγκαλιά και τη φίλησα. Δεν της άρεσε που την έβγαλα από τα παιχνίδια της, σίγουρα δεν με θυμόταν πια κι άρχισε να κλαίει.

Η αυλή ήταν γεμάτη δέντρα. Ένα τραπέζι με καρέκλες,

τρίζει (αόριστος: έτριξε) κάνει θόρυβο καθώς ανοίγει

μία **ψάθα** για τη Χριστίνα και τα παιχνίδια της, ένα **πηγά-δι** λίγο πιο πέρα και μετά το **περιβόλι** με πορτοκαλιές, λεμονιές, ένας μικρός παράδεισος. Τόσο διαφορετικά από την Αθήνα. Ένας τοίχος από το ένα και το άλλο πλάι του σπιτιού, το χώριζε από τα διπλανά σπίτια. Τότε ήταν που τους είδα ξανά να ανεβαίνουν τη σκάλα του διπλα-νού σπιτιού. Ήταν οι δύο που είχα δει στη στάση.
- Γεια σου Άννα. Χαιρέτησαν. Καλώς τη δέχτηκες τη φίλη σου!
- Ευχαριστώ. Ελάτε μετά να τη γνωρίσετε από κοντά! Να προλάβουμε να πούμε μόνο λίγο πρώτα τα δικά μας...
- Ο Νίκος και ο Δημήτρης είναι τα ξαδέλφια μου, μου εί-πε η Άννα. Πολύ συμπαθητικά παιδιά, θα σου αρέσουν.
Τα δικά μας **τελειωμό δεν είχαν**. Λέγαμε και λέγαμε και όλο κι άλλα είχαμε να πούμε. Σαν να μην είχαμε δέκα πέντε μέρες μπροστά μας. Σταματήσαμε μόνο γιατί η Χριστινούλα χρειάστηκε λίγη προσοχή, ήταν η ώρα για το γάλα της και τον ύπνο της.

Τότε **εμφανίστηκαν** και ο Νίκος με τον Δημήτρη... Ο Νίκος, ο ξανθοκάστανος, ήταν τέσσερα χρόνια μεγαλύτε-ρος από μένα, φοιτητής στο Πολυτεχνείο και ο Δη-μήτρης είχε τελειώσει τη δευτέρα λυκείου, ακριβώς όπως κι εγώ. Μάλιστα, τον περνούσα κι ένα μήνα σε ηλικία.

ψάθα τη βάζουμε για να καθί-σουμε στην άμμο

πηγάδι

περιβόλι κήπος με φρούτα και λαχανικά
τελειωμό δεν είχαν δεν τελείω-ναν ποτέ
εμφανίζομαι (αόριστος: εμφα-νίστηκα) έρχομαι ξαφνικά

Δεν μπορούσα να πω αν μου άρεσε κάποιος από τους δύο περισσότερο... Ο Νίκος πιο **λιγόλογος** και ήρεμος, είχε πράγματα να πει αλλά δεν τα έλεγε εύκολα. Είχε ένα πολύ έντονο βλέμα. Ο Δημήτρης πιο ζωηρός, **έξω καρδιά,** του άρεσαν οι **πλάκες**.

2 - Η σπηλιά

Από το πρώτο εκείνο βράδυ γίναμε μία παρέα. Μαζί κολυμπούσαμε, μαζί κάναμε τις βόλτες μας το απόγευμα, μαζί περνούσαμε τα βράδια. Χωρίζαμε μόνο για να πάμε να κοιμηθούμε ο καθένας στο σπίτι του.

Το χωριό χτισμένο σ' ένα μικρό φυσικό κόλπο μ' ένα λιμάνι στη μία άκρη του, δέκα πέντε σπίτια όλα κι όλα, μπορούσε να μας προσφέρει μια καταπληκτική αμμουδιά και θάλασσα και πολλή ησυχία. Ήταν τόσο μικρό που είχε μόνο ένα μπακάλικο που ήταν και καφενείο και το καλοκαίρι η ταβέρνα του χωριού. Δεν υπήρχε ούτε έ-να ξενοδοχείο ή ενοικιαζόμενο δωμάτιο, μόνο ένας μι-κρός ξενώνας, ατέλειωτος κι αυτός ακόμα. Οι κάτοικοι ήταν περίεργοι. Δεν τους ήθελαν τους τουρίστες. Είχαν ό,τι χρειάζονταν, λέγανε, για να **καλύψουν τις** δικές τους **ανάγκες**. Οικονομικά ήταν καλά με τις **καλλιέργειές** τους

λιγόλογος αυτός που δεν μιλάει πολύ

έξω καρδιά του/της αρέσει να μιλάει και να διασκεδάζει με φί-λους

πλάκες αστεία

καλύπτω τις ανάγκες μου (υπο-τακτική: να καλύψω) έχω ό,τι χρειάζομαι για να ζήσω

καλλιέργειες αυτά που παρά-γουν από τη γη (λαχανικά, φρού-τα κ.ά.)

και τα ζώα τους. Τους έφταναν αυτά.

Έτσι κι εμείς με τα λίγα, κάναμε πολλά. Μόλις ξυπνού-σαμε και μετά από ένα καλό χωριάτικο πρωινό, γάλα, αυγά, ψωμί και σύκα, πηγαίναμε και καθόμασταν με τις ώρες στην παραλία, σε κάποια σκιά και διαβάζαμε, πη-γαίναμε **βαρκάδα** με τη βάρκα κάποιου φίλου, ψαρεύαμε ή τριγυρίζαμε στον γύρο χώρο. Λίγο αργότερα πέφταμε στη θάλασσα για κολύμπι, πηγαίναμε στο λιμάνι για βου-τιές από ψηλά, κάναμε αγώνες, παίζαμε μπάλα, φτιάχνα-με πύργους στην άμμο για τη Χριστίνα, ή ό,τι άλλο μπο-ρούσαμε να σκεφτούμε. Μετά το μεσημεριανό φαγητό, λίγος ύπνος για ξεκούραση και το απόγευμα πάλι από την αρχή. Το βράδυ πηγαίναμε στην παραλία, όπου καθόμαστε παρέες-παρέες και τραγουδούσαμε ή λέγαμε αστεία ή πηγαίναμε στη μοναδική ταβέρνα για μεζέ και ούζο ή κρασί.

Μετά την αμμουδερή παραλία του χωριού, η ακτή άλλα-ζε, γινόταν **βραχώδης** και σχηματίζονταν κάποιες **σπη-λιές.** Σε μία απ'αυτές, την πιο μεγάλη, μπορούσες να μπεις μέσα με βάρκα, είχε και λίγους **σταλακτίτες** που κρέμονταν από την οροφή της. Πουλιά και **νυχτερίδες** είχαν τις **φωλιές** τους εκεί.

Υπήρχε πάντα δροσιά στη σπηλιά και μας άρεσε να πη-γαίνουμε. Η Άννα τις περισσότερες φορές δεν μας ακο-

---

βαρκάδα βόλτα με τη βάρκα
βραχώδης από (με) βράχους
σπηλιά (βλέπε σελ. 23)
φωλιά το σπίτι των πουλιών

νυχτερίδα

σταλακτίτης

λουθούσε γιατί είχε να φροντίσει τη Χριστίνα. Φτάναμε με τη βάρκα προσεχτικά μέχρι σ' ένα σημείο - υπήρχαν άγρια βράχια εδώ κι εκεί στο **βυθό** - και μετά κατεβαίναμε. Το νερό μάς έφτανε μέχρι ψηλά στα πόδια και βγαίναμε σ' ένα στενό κομμάτι άμμου στο βάθος της σπηλιάς, όπου το ύψος από την οροφή ήταν τόσο μικρό, ώστε μόνο καθιστοί μπορούσαμε να σταθούμε ή να περπατήσουμε στα τέσσερα. Ήταν σκοτεινά εκεί και αισθανόμουν κάποιο φόβο μαζί και χαρά. Κάτι μ' έσπρωχνε να θέλω να πηγαίνω συχνά και μαζί κάτι με φόβιζε... Ήμασταν από τους λίγους που πήγαιναν μέχρι το βάθος της σπηλιάς, που πατούσαν στο σκοτεινό βυθό της για να βγουν στην υγρή άμμο. Αν κάτι μας συνέβαινε, ίσως κανείς να μη μας έψαχνε εκεί... Ένας φόβος μ' έπιανε σε τέτοιες σκέψεις...

Μετά την πρώτη φορά, πήραμε από ένα **φακό** μαζί μας για τις **εξερευνήσεις** μας. Περπατήσαμε στην αμμουδιά παρατηρώντας το έδαφος και τις πλευρές της σπηλιάς.

- Ελάτε να δείτε τι βρήκα, μας φώναξε ο Νίκος. Ένας βράχος σχηματίζει κάτι σαν φυσική μπανιέρα και μέσα απ' εκεί βγαίνει παγωμένο γλυκό νερό.

- Η περιοχή έχει γενικά πολλές πηγές που φέρνουν νερό από το βουνό, συμπλήρωσε ο Δημήτρης.

Μπήκαμε μέσα ένας-ένας και μετρήσαμε τον χρόνο που

βυθός κάτω μέρος της θάλασσας

εξερεύνηση αυτό που κάνω όταν ψάχνω άγνωστα μέρη

φακός

μπορούσαμε να μείνουμε μέσα στο κρύο νερό χωρίς πρόβλημα. Φυσικά εγώ ήρθα πρώτη: δεν καταλαβαίνω τίποτα από κρύο νερό.

- Νομίζω ότι υπάρχει ένα χαμηλό άνοιγμα εδώ και φαίνεται σαν η σπηλιά να συνεχίζει σε άλλο χώρο πιο βαθιά στη γη. Λες να ανακαλύψαμε κι άλλη σπηλιά...; φώναξε ο Δημήτρης.

- Και να έχει και σταλαχτίτες...; είπα εγώ.

Αποφασίσαμε, λοιπόν, να βρούμε τρόπο να την **εξερευνήσουμε**.

Τις επόμενες δύο μέρες ήταν αδύνατο να πλησιάσουμε τη σπηλιά. Ο καιρός είχε αλλάξει και η θάλασσα ήταν άγρια. Τεράστια κύματα **έσκαγαν με ορμή** στα βράχια. Ούτε συζήτηση για να πάμε με τη βάρκα. Και η μόνη είσοδος ήταν από τη θάλασσα.

'Ετσι, μείναμε στην παραλία και κάναμε παιχνίδια με τα κύματα στην άκρη της θάλασσας. 'Ηταν **απόλαυση** να ξαπλώνουμε εκεί και να αφήνουμε τα κύματα να μας πάνε όπου θέλουν. Στην αμμουδιά δεν μπορούσαμε να ξαπλώσουμε γιατί ο αέρας σήκωνε την άμμο που μας έμπαινε στα μάτια και στο στόμα. Μια που ο αέρας ήταν θαλασσινός, δε φυσούσε τόσο όταν πήγαινες προς τα μέσα, προς το βουνό, γι' αυτό βρήκαμε την ευκαιρία να

εξερευνώ (υποτακτική: να εξερευνήσω) ψάχνω άγνωστα μέρη
σκάω με ορμή (παρατατικός: έσκαγα) χτυπάω με δύναμη στους βράχους
απόλαυση μεγάλη ευχαρίστηση

επισκεφτούμε το Χωριουδάκι.

Το Χωριουδάκι ήταν ένα μικρό **ακατοίκητο** πια χωριό, με παλιά πέτρινα σπίτια στην **πλαγιά** του βουνού. Εκεί, έμεναν οι πρώτοι κάτοικοι πριν κατέβουν στην παραλία. Η εκκλησία με το ψηλό **καμπαναριό** της, εξαιρετικής αρχιτεκτονικής τέχνης του 18ου αιώνα, βρισκόταν στην κεντρική πλατεία και γύρω-γύρω ήταν τα σπίτια. Πήγαμε με τα πόδια, μισή ώρα δρόμο. Είχαμε μαζί μας ένα καλάθι με τρόφιμα για πικνίκ και τη Χριστίνα που την παίρναμε στους ώμους, ο καθένας μας με τη σειρά. Ήταν μια ωραία βόλτα. Από το Χωριουδάκι μπορούσες να δεις όλο τον κόλπο της Καλαμάτας με τα γύρω παραλιακά χωριά.

Εκεί ήταν που είχαμε και μια περίεργη συνάντηση. Ξέραμε ότι στο χωριό δε ζούσε κανείς, και μας έκανε εντύπωση όταν ακούσαμε μια φωνή κι ένα θόρυβο, σαν κάτι να πέφτει. Τρέξαμε να βοηθήσουμε και βρήκαμε σ' ένα σπίτι το παλιό ξύλινο πάτωμα να έχει πέσει και έναν άνδρα να έχει βρεθεί στον από κάτω όροφο. Τον βοηθήσαμε να βγει από 'κεί. Ευτυχώς δεν είχε σπάσει τίποτα. Ήταν ένας άνδρας αδύνατος με **γενειάδα** και **φαλάκρα**, γύρω στα σαράντα. Ήταν ξένος, μάλλον Άγγλος μας φάνηκε, μιλούσε λίγα ελληνικά.

ακατοίκητο   στο οποίο δεν μένει κανείς

φαλάκρα

πλαγιά

καμπαναριό

γενειάδα

- Είμαι καλά. Ευχαριστώ για τη βοήθεια.
Μας γύρισε την πλάτη κι έφυγε. Ήταν φανερό ότι δεν ήθελε άλλες κουβέντες. Όμως, αυτό το άτομο θα το συναντούσαμε ξανά και ξανά τις επόμενες μέρες...

3 - Κι άλλη σπηλιά

Πρωί-πρωί την άλλη μέρα με ξύπνησε ο θόρυβος από ένα πετραδάκι στο τζάμι του παραθύρου μου. Σηκώθηκα και πήγα να δω ποιος ήταν. Ήταν ο Νίκος και μου **έκανε νόημα** να κατέβω κάτω. Κοίταξα το ρολόι μου. Ήταν μόλις εφτά το πρωί. Οι άλλοι κοιμόντουσαν ακόμη. Τι να με ήθελε αλήθεια; Ειδικά ο Νίκος, που ήταν ο "κλειστός" της παρέας. Βέβαια ήταν και ο πιο πρωινός.
- Δεν μπορούσα να μην το πω τώρα αμέσως σε κάποιον, μου είπε μόλις τον συνάντησα. Βρήκα άλλη είσοδο για τη σπηλιά, από την ξηρά.
- Καταπληκτικά! Άρα μπορούμε να την επισκεφτούμε χωρίς να μας εμποδίζει ο καιρός, είπα. Πάμε αμέσως να μου τη δείξεις.
- Φόρεσε μόνο μακρύ παντελόνι και κλειστά παπούτσια γιατί τα βράχια είναι άγρια.

κάνω νόημα κίνηση του κεφαλιού, των ματιών ή των χεριών για να πω σε κάποιον κάτι

Ξεκινήσαμε προς τα βράχια, όπου ήταν η σπηλιά. Ήταν νωρίς και έτσι, ευτυχώς, δε φυσούσε πολύ ακόμα. Το ανέβασμα στα βράχια δεν ήταν και πολύ εύκολο. **Μονοπάτι** δεν υπήρχε. Περάσαμε ένα μεγάλο **θάμνο** και μετά υπήρχαν πέντε μεγάλες πέτρες μαζί, σα να σκέπαζαν κάτι. Ο Νίκος τις **μετακίνησε** και φάνηκε ένα άνοιγμα που κατέβαινε προς τα κάτω. Χωρούσε μόνο ένα άτομο. Μπήκε πρώτος ο Νίκος και εγώ ακολούθησα. Ήταν σκοτεινά και υγρά. Αλλά σε λίγο τα μάτια μας συνήθισαν. Τώρα το πέρασμα έγινε πιο πλατύ. Μπορούσαμε να περπατάμε δίπλα-δίπλα. Όμως έπρεπε να προσέχουμε. Ένα τελευταίο **σκαλοπάτι** και νά 'μαστε στη σπηλιά.
- Μα πώς δεν είχαμε δει το άνοιγμα; ρώτησα.
- Με σκεπασμένο το άνοιγμα με πέτρες, δεν μπαίνει καθόλου φως. Επομένως δεν μπορούσαμε να φανταστούμε ότι υπάρχει είσοδος από την ξηρά. Έτυχε να πιάσω όμως κουβέντα με τον παππού μου και μου είπε ότι είχε ακούσει κι εκείνος ότι κάποια δίοδος υπήρχε παλιά που, όμως, μπορεί και να είχε κλείσει με τους σεισμούς που γίνονται στην περιοχή... Άρχισα λοιπόν να ψάχνω και τη βρήκα. Δεν είπα τίποτα, σας το φύλαγα για έκπληξη... Και ήθελα να είσαι εσύ η πρώτη...
Τον κοίταξα ερωτηματικά. Τι εννοούσε; Με κοίταξε κι εκείνος, έσκυψε και με φίλησε απαλά. Ήταν κάτι που

μονοπάτι μικρό δρομάκι στο βουνό ή στο δάσος

θάμνος φυτό που ζει πολλά χρόνια και μοιάζει με μικρό δέντρο

μετακινώ (αόριστος: μετακίνησα) αλλάζω θέση

σκαλοπάτι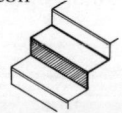

δεν το περίμενα, αλλά τελικά... μ' άρεσε. Όταν τους πρωτογνώρισα, είχα αναρωτηθεί ποιος μ' αρέσει περισσότερο, χωρίς να μπορώ να δώσω απάντηση. Τώρα πια ήξερα... Και ήταν πολύ ωραία...
Αποφασίσαμε να μην πούμε τίποτα σε κανέναν ακόμα. Ούτε για τη δίοδο, ούτε για τα άλλα ακόμα περισσότερο. Ήταν το μυστικό μας.

Δεν ξέρω πόση ώρα είχε περάσει από το πρωί. Ούτε ο ένας, ούτε ο άλλος φορούσε ρολόι. Πάντως φυσούσε πάλι πιο δυνατά και η θάλασσα ήταν άγρια ξανά. Πήραμε τον δρόμο για την έξοδο από την ξηρά. Ήμασταν στο μέρος που περπατούσαμε δίπλα-δίπλα. Κρατούσα εγώ τον φακό για να βλέπουμε πού πάμε. Το φως του φακού έπεσε σε μια τρύπα του βράχου. Όμως, δεν ήταν μόνο τρύπα. Εκεί υπήρχε ένα άνοιγμα στον βράχο!
- Νίκο, κοίτα! Φώναξα. Κι άλλη σπηλιά!
- Κα-τα-πλη-κτι-κό!
Μείναμε εκεί να κοιτάμε και οι δύο το άνοιγμα.
- Με λίγη προσπάθεια, νομίζω, μπορούμε να περάσουμε, είπε. Ευτυχώς είμαστε και οι δύο λεπτοί...
Τα βράχια ήταν άγρια και η τρύπα μικρή, αλλά τα καταφέραμε. Το **έδαφος** αυτής της σπηλιάς ήταν χαμηλότερο. Κατεβήκαμε ένα μεγάλο σκαλοπάτι και φωτίσαμε γύρω

έδαφος εκεί που πατάμε

μας.

- Απίστευτο! είπαμε και οι δυο μαζί.

Βρισκόμαστε σε μια μεγάλη αίθουσα. Σταλακτίτες υπήρχαν στην οροφή, αλλού λεπτοί σαν σταγόνες βροχής, αλλού χοντρύτεροι, αλλού έφταναν μέχρι κάτω και ενώνονταν με **σταλαγμίτες** στο έδαφος σχηματίζοντας στήλη ολόκληρη. Σε μερικά σημεία υπήρχαν διαφορετικά χρώματα, κόκκινο, ροζ, κίτρινο, καφέ, πράσινο, μοβ. Κοιτάζαμε γύρω μας, **μαγεμένοι.**

- Δεν πρέπει να **απομακρυνθούμε** πολύ από το άνοιγμα, είπε ο Νίκος. Υπάρχει κίνδυνος μετά να μην το βρίσκουμε και τότε... χαθήκαμε. Πρέπει να ξανάρθουμε, οργανωμένοι κατάλληλα.

Είχε δίκιο. Ήταν επικίνδυνο έτσι όπως ήμαστε, μόνο μ' ένα φακό.

- Αύριο, λοιπόν.

- Ναι, αύριο!

Όταν βγήκαμε στο έδαφος πάνω από τη σπηλιά, το δυνατό φως μας **τύφλωσε.** Ο ήλιος ήταν ήδη ψηλά. Πλησίαζε μεσημέρι. Το μάτι μας πήρε μια λεπτή φιγούρα με γενειάδα να απομακρύνεται. Σα να μας παρακολουθούσε και προσπαθούσε να κρυφτεί...

- Σου φάνηκε γνωστός; με ρώτησε ο Νίκος. Έχω την

μαγεμένος πώς αισθάνομαι όταν βλέπω κάτι πολύ ωραίο
απομακρύνομαι (υποτακτική: να απομακρυνθώ)

πάω πιο μακριά
κάτι μας τυφλώνει (αόριστος: τύφλωσε) δεν μπορούμε να δούμε

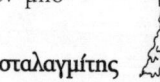

σταλαγμίτης

εντύπωση ότι είναι ο ξένος που συναντήσαμε στο Χω-ριουδάκι...

- Κι εγώ αυτή την εντύπωση έχω, είπα. Τι να θέλει άρα-γε; Πολύ περίεργος τύπος! Και μάλλον ξέρει πια τη μυ-στική μας είσοδο...

Παρ' όλα αυτά, κλείσαμε πάλι το άνοιγμα με τις πέτρες.

Φτάνοντας στο σπίτι, η 'Αννα μας περίμενε φανερά ανή-συχη.

- Μα πού ήσαστε τόσες ώρες; Ανησύχησα τρομερά. Δεν ήξερα τι να σκεφτώ. Πήγα στον Δημήτρη και αυτός ο υπναράς κοιμάται ακόμα.

- Κοιμάται; είπε ο Νίκος. Πάμε, λοιπόν, να τον ξυπνή-σουμε με τον γνωστό τρόπο!

- Ναι, αλλά δεν μου είπατε τι κάνατε τόσες ώρες...

- Πάμε τώρα και θα σου πούμε άλλη στιγμή!

Το σπίτι του Δημήτρη ήταν μονώροφο. Κτισμένο τελευ-ταία, με μεγάλα παράθυρα. Κάτω από ένα τέτοιο παρά-θυρο βρισκόταν το κρεβάτι του. 'Εκανε ζέστη και το πα-ράθυρο ήταν ανοικτό. Ο Δημήτρης κοιμόταν. Ανέβηκε ο Νίκος στο παράθυρο και μ' ένα **φτερό** άρχισε να τον **γαργαλάει**. Ο Δημήτρης μέσα στον ύπνο του, νόμιζε ότι ήταν **μύγα** και την έδιωχνε. Τέλος, του ρίξαμε ένα ποτήρι

φτερό

γαργαλάω   κάνω κά-ποιον να γελάσει μ' έ-να φτερό ή με το χέρι μου

μύγα

νερό. Πετάχτηκε τρομαγμένος. Μέχρι να καταλάβει τι συνέβαινε, φύγαμε σκασμένοι στα γέλια. Φυσικά, δεν ήταν δύσκολο να καταλάβει ποιοι ήταν αυτοί που τον ξύπνησαν. Και η μητέρα του θύμωσε που βρέξαμε το κρεβάτι του.
- Καλά οι άλλοι, αλλά κι εσύ βρε Άννα, εξακολουθείς να έχεις μυαλό λιγότερο κι από την κόρη σου... της είπε. Αλλά ξέραμε ότι σε λίγο θα γελούσε κι εκείνη μαζί μας.

4 - Ένας παράξενος Άγγλος

Την επόμενη μέρα η Άννα έπρεπε να πάει στην Καλαμάτα για δουλειές. Με παρακάλεσε, λοιπόν, να φροντίσω τη Χριστίνα όσο εκείνη θα έλειπε. Ο αέρας είχε σταματήσει και έτσι περάσαμε το περισσότερο πρωινό στην αμμουδιά και στη θάλασσα. Η Χριστίνα καθόταν πάνω στην άμμο, κάτω από την ομπρέλα και έπαιζε με το **φτυαράκι** και το **κουβαδάκι** της. Ήταν τόσο ευχαριστημένη! Κάποια στιγμή, πήγε ο Δημήτρης σιγά-σιγά από πίσω της και **έσκαψε** μια τρύπα στην άμμο. Η μικρή έχασε την ισορροπία της, έπεσε μέσα στην τρύπα και φυσικά έβαλε τα κλάματα. Τέτοια και άλλα πολλά της κάνανε...

κουβαδάκι

φτυαράκι

σκάβω (αόριστος: έσκαψα)
ανοίγω τρύπα στο έδαφος

Αργά το απόγευμα πήγαμε μια βόλτα στο κάστρο. Προς τη μεριά του βουνού, στην κορυφή ενός λόφου ήταν το κάστρο, χτισμένο τη μεσαιωνική εποχή. Ένα μονοπάτι που με δυσκολία βρίσκαμε, έφτανε μέχρι εκεί. Όταν φτάσαμε, ο ήλιος ήταν ήδη μέσα στη θάλασσα και είχε γίνει κατακόκκινος. Τα **τείχη** του κάστρου παντού μισο-γκρεμισμένα. Μόνο σε μερικά σημεία **έστεκαν όρθια**, θυμίζοντας άλλες εποχές. Κάπου βρήκαμε πεσμένο ένα κανόνι. Κι εκεί που τριγυρίζαμε, τον είδαμε πάλι.

- Να πάλι αυτός ο περίεργος ξένος, είπα. Τι συμβαίνει, μας ακολουθεί ή τον ακολουθούμε...; Είναι η τρίτη φορά που τον βλέπουμε.

- Τρίτη, πότε τρίτη; ρώτησε η Άννα.

- Να, και... το πρωί που ήμασταν στην αμμουδιά με τη Χριστίνα που έλειπες εσύ στην Καλαμάτα, τον είδαμε να περνάει... είπε, ευτυχώς, ο Νίκος.

- Μα, πού μένει, ξέρετε; ξαναρώτησε η Άννα.

- Η μητέρα μου άκουσε κάτι για μια σκηνή στην παραλία της Καλόγριας, εκεί με το μεγάλο πηγάδι, μετά τη σπηλιά, είπε ο Δημήτρης. Έχει κι ένα στρατιωτικό τζιπ που το χρησιμοποιεί σπάνια. Τον έχουν δει να κρατάει κάποια σχέδια, σαν κάτι να ψάχνει να βρει... ή πάλι να διαβάζει βιβλία... Πολύ παράξενος τύπος. Λες να ψάχνει για κανένα κρυμμένο **θησαυρό**;... Δε μιλάει σε κανένα.

τείχος (το) ψηλός τοίχος γύρω από ένα κάστρο
στέκουν όρθια (παρατατικός: έστεκαν) δεν έχουν πέσει κάτω
θησαυρός πράγματα μεγάλης αξίας

Και δεν τρώει ποτέ στην ταβέρνα. Αγοράζει μόνο φρούτα, λαχανικά και κρασί. Το χωριό έχει αρχίσει να λέει ότι πρόκειται μάλλον για τρελό... που ζει στον δικό του κόσμο...

5 - Ένας σκελετός και μια κασέλα

Το επόμενο πρωί πέρασε ο Νίκος και με πήρε. Αυτή τη φορά δεν χρειάστηκε να με ξυπνήσει, γιατί ήμουν ήδη έτοιμη και τον περίμενα. Μάλιστα είχα πάρει σε ένα **σακκίδιο** λίγο ψωμί, τυρί κι ελιές και ένα μπουκάλι νερό. Ο Νίκος είχε μαζί του **πυξίδα**, **σχοινί**, φωτογραφική μηχανή, μέτρο, μολύβι, χαρτί, ένα μεγάλο φακό, ένα μικρό τσαντάκι με ό,τι χρειάζεται για πρώτες βοήθειες και δύο πουλόβερ.

Αυτή τη φορά φτάσαμε πιο γρήγορα. Ξέραμε ήδη τον δρόμο. Βρήκαμε τις πέτρες, τις βγάλαμε και από το άνοιγμα μπήκαμε μέσα. Η καρδιά μου χτυπούσε δυνατά. Έπιασα το χέρι του Νίκου. Φτάσαμε στην πρώτη σπηλιά, βρήκαμε το άνοιγμα και μπήκαμε στη δεύτερη. Νά'

σακκίδιο

πυξίδα

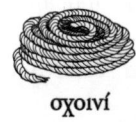

σχοινί

μαστε λοιπόν στη δικιά μας σπηλιά! Ο Νίκος φώτισε με το μεγάλο φακό τον χώρο. Μείναμε έτσι λίγη ώρα, κοιτάζοντας μαγεμένοι τα σχήματα και τα χρώματα που είχαν οι σταλακτίτες. Μετά **κάρφωσε** τη μια άκρη του σχοινιού στο μέρος που ήταν το άνοιγμα, πήρε το υπόλοιπο μαζί του και άρχισε να το **ξετυλίγει.**

- Για να μη χάσουμε τον δρόμο, είπε. Κοίταξε τι έδειχνε η πυξίδα και το σημείωσε στο χαρτί.

Είχε δίκιο. Η σπηλιά ήταν τόσο μεγάλη και τόσο σκοτεινή! Και σχημάτιζε τόσους μικρότερους χώρους και διαμερίσματα που ακόμα δεν ξέραμε πού μπορεί να ήταν η άκρη της.

- Έχω διαβάσει ότι η περιοχή εδώ έχει πολλές σπηλιές, συνέχισε ο Νίκος. Στον δεύτερο παγκόσμιο πόλεμο, οι κάτοικοι του χωριού έκρυψαν εδώ αρκετούς Άγγλους ή Έλληνες που τους έψαχναν οι Γερμανοί και τους έσωσαν. Αλλά λένε ότι και προϊστορικοί άνθρωποι κατοίκησαν σε κάποιες από αυτές τις σπηλιές και υπάρχουν **ευρήματα**...

Μιλούσε ψιθυριστά, σαν να μην ήθελε να μας ακούσουν ή σα να φοβόταν μήπως ξυπνήσει κάποιον που κοιμόταν. Αρχίσαμε να περπατάμε και να κοιτάμε γύρω μας. Περπατούσαμε προσεχτικά, φωτίζοντας καλά πρώτα μπροστά μας. Το έδαφος της σπηλιάς ήταν ανώμαλο.

καρφώνω (αόριστος: κάρφωσα) βάζω στο έδαφος με δύναμη
ξετυλίγω ανοίγω, απλώνω
ευρήματα ό,τι έχουν βρει και είναι αξίας

- 'Αραγε, έχει πατήσει κανείς άλλος εδώ που πατάμε εμείς τώρα...; είπα τη σκέψη μου δυνατά. Κι αν ναι, πριν πόσα χρόνια ή ίσως πριν πόσους αιώνες... Είναι κάτι που ποτέ δεν θα μάθουμε... Και πόσα πράγματα τελικά, δεν τα μαθαίνουμε ποτέ; Πόσα μυστικά να κρατάει καλά φυλαγμένα αυτή n σπηλιά...;
Ξαφνικά αισθάνθηκα ότι n σπηλιά αυτή κι εγώ είχαμε ένα ιδιαίτερο δέσιμο. Ένα δέσιμο ζωής. Και **ανατρίχια-σα.** Η υγρασία ήταν μεγάλη και αισθάνθηκα να κρυώνω.
- Ευτυχώς που σκέφτηκες να πάρεις τα πουλόβερ. Κρυ-ώνω ήδη, είπα στο Νίκο, και φόρεσα το ένα.
- Οι σπηλιές έχουν πάντα περίπου την ίδια θερμοκρασία. Και μερικούς βαθμούς κάτω απ' ότι είναι τώρα έξω, είπε. Πήρα τον φακό και φώτισα το πρόσωπό του. Μου χα-μογέλασε. Μου άρεσε τόσο το πρόσωπό του εκεί μέσα. Μετά άρχισα να κατεβάζω το φως προς τα κάτω να τον δω ολόκληρο. Το φως έπεσε επάνω του και γύρω του στα πλάγια. Και ξαφνικά, κάτι μου τράβηξε την προσοχή και φώναξα.
- Νίκο, δες!
Λίγο πιο πέρα από εκεί που βρισκόμασταν υπήρχε κάτι... **Πλησιάσαμε.**
- Θεέ μου! Ένας σκελετός... Πριν πόσα χρόνια να...;
- Σίγουρα πριν από πολλά... είπε σιγανά ο Νίκος.

ανατριχιάζω (αόριστος: ανατρίχιασα) αυτό που παθαίνω όταν κρυώνω
πλησιάζω (αόριστος: πλησίασα) πηγαίνω κοντά

Ήμασταν εκεί ακίνητοι και κοιτούσαμε παγωμένοι το θέαμα... Ο σκελετός ξαπλωμένος στο πάτωμα ήταν σαν να μας κοίταζε από τις σκοτεινές τρύπες που άλλοτε ήταν τα μάτια του και να γέλαγε κοροϊδευτικά, δείχνοντάς μας τα γυμνά δόντια του, σαν κάτι να ήξερε που εμείς δεν ξέραμε. Έτρεμα, παρ' όλο το πουλόβερ. Δίπλα του, σε απόσταση ενός μέτρου, βρισκόταν μια παλιά **σιδερένια κασέλα**. Στην κλειδαριά υπήρχε ένα μεγάλο κλειδί. Κάτω από την κλειδαριά ήταν γραμμένο ένα όνομα. Το καθάρισα λίγο με το χέρι μου και διάβασα:
- S. H. LAWRENCE... Ποιος να ήταν άραγε...;
Προσπαθήσαμε να ξεκλειδώσουμε, αλλά το κλειδί δε γυρνούσε. Τότε δοκιμάσαμε ν' ανοίξουμε την κασέλα με τα χέρια και μετά από κάποια προσπάθεια, το σκέπασμά της έτριξε και άνοιξε. Η κασέλα ήταν χωρισμένη σε δύο μέρη και γεμάτη με διάφορα πράγματα. Στη μια της πλευρά είχε προσωπικά είδη καθώς και ανδρικά ρούχα και παπούτσια παλιάς εποχής και στην άλλη είχε βιβλία, σχέδια, σημειώσεις.
- Από αυτά που **περιέχει** η κασέλα, μπορώ να πω ότι πρέπει να ήταν κάποιος πλούσιος ξένος, Άγγλος μάλλον, **κρίνοντας** και από το όνομα, είπε ο Νίκος. Να δεις πώς τους λένε,... **περιηγητές** νομίζω, που έρχονταν το 18ο και το 19ο αιώνα στην Ελλάδα και ειδικά στη Μάνη να μα-

---

σιδερένια μεταλική, από σίδερο
περιέχει έχει μέσα
κρίνω καταλαβαίνω
περιηγητής αυτός που ταξιδεύει σ' έναν τόπο για να γνωρίσει κάτι

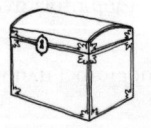 κασέλα

ζέψουν στοιχεία για την περιοχή. Έχω διαβάσει κάτι γι' αυτούς.

Στην κασέλα βρήκα ένα χάρτη και τον άνοιξα. Ήταν πράγματι μιας περιοχής της Μάνης.

- Για κοίτα τι γράφει εδώ, είπα. Kardamyli. Να και το κάστρο. Για φαντάσου. Το διπλανό μας χωριό! Δεν δείχνει καθόλου σπίτια στην παραλία, μόνο τα σπίτια στο κάστρο.

Άνοιξα ένα φάκελο. Μέσα είχε πολλά σκίτσα.

- Δες κι αυτό. Άνδρας της Καρδαμύλης. Γυναίκα της Καρδαμύλης. Απίστευτο! Ανακαλύψαμε έναν πραγματικό θησαυρό!

Μετά έπιασα ένα μικρό βιβλίο. Το άνοιξα. Δεν ήταν όμως βιβλίο. Περιείχε σημειώσεις γραμμένες στο χέρι.

- Ένα ημερολόγιο! Γράφει ημερομηνίες.... 9th March, 1783! Δεν μπορώ να το πιστέψω! Και φτάνει μέχρι τις 28 Αυγούστου... Αυτή είναι η τελευταία φορά που έγραψε... Τι να **συνέβη** άραγε τότε...;

Ήταν τόσος ο ενθουσιασμός και η έκπληξή μας για όλα αυτά που βρήκαμε, που δεν καταλάβαμε πώς πέρασε ο χρόνος. Ο Νίκος κοίταξε το ρολόι του κάποια στιγμή...

- Ποπό, πήγε δύο η ώρα. Τι κάνουμε τώρα...; Μπορεί να ανησυχούν για μας. Να μας ψάχνουν ήδη... Λέω να τ' αφήσουμε όπως είναι και να ξανάρθουμε αύριο το πρωί.

συμβαίνει   (αόριστος: συνέβη) γίνεται

Εντωμεταξύ, ας σκεφτούμε κάποια ιστορία να πούμε για το πού ήμασταν...

- Να πούμε ότι πήγαμε στην παραλία της Καλόγριας να παρακολουθήσουμε τον παράξενο ξένο και να κάνουμε εκεί μπάνιο και ξεχαστήκαμε...

Ξαναβάλαμε όλα τα πράγματα μέσα στην κασέλα εκτός από το ημερολόγιο και την κλείσαμε προσεχτικά. Μαζέψαμε τα πράγματά μας και φύγαμε.

Φυσικά, ούτε η 'Αννα ούτε ο Δημήτρης πίστεψαν την ιστορία μας. Ο Δημήτρης δεν είπε τίποτα, μου φάνηκε όμως ότι ζήλεψε λίγο... Η 'Αννα χαμογέλασε πονηρά γιατί κατάλαβε ότι κάτι συνέβαινε με μένα και το Νίκο.

- Ο Νίκος είναι πολύ γλυκός, έτσι δεν είναι; μου είπε όταν μείναμε μόνες.

- Ναι, είναι, είπα αόριστα και άλλαξα συζήτηση.

6 - Ο σεισμός

Το επόμενο πρωί, όταν ήλθε ο Νίκος, είχε να μου πει νέα.

- Διάβασα σ' ένα βιβλίο ότι γύρω στο 1783 έγινε ένας μεγάλος **σεισμός** στην περιοχή... Αν υποθέσουμε ότι κάτι

σεισμός   το φυσικό φαινόμενο κατά το οποίο κουνιέται η γη

συνέβη τότε στον Lawrence και δεν μπορούσε να βγει απο τη σπηλιά με τον σεισμό...

- Μήπως αφήνουμε τη φαντασία μας να φτιάχνει τρελά σενάρια...; είπα. Δεν μας βγάζουν πουθενά όλα αυτά τα "αν"...

- Μήπως μπορούμε να κάνουμε και τίποτε άλλο; Τουλάχιστον έτσι διασκεδάζουμε! Ξέρεις, ο Δημήτρης είναι θυμωμένος μαζί μου και δε μου μιλάει.

- Το ίδιο κι η 'Αννα. Δεν πρέπει να τους αφήνουμε άλλο απ' έξω... Πρέπει να τους πούμε...

- Σήμερα να τους τα πούμε όλα!

- Ναι, σήμερα...

Σήμερα είχε μια απόλυτη ησυχία παντού. Σα να κρατούσαν όλα την αναπνοή τους, σκέφτηκα, ...πριν από τι; Μα τι σκέψεις είναι αυτές που κάνω... Κι άλλα σενάρια... Ανατρίχιασα...

Τώρα ήμαστ̇αν ήδη εκεί. Στον σκελετό, στην κασέλα...

- Κάποιος ήταν εδώ πριν από μας, είπα. Το κλειδί δεν είναι πια στην κλειδαριά... μπορεί τώρα να μας παρακολουθεί...

Φωτίσαμε γύρω μας με τον φακό. Δεν είδαμε τίποτα. Δοκίμασα ν' ανοίξω την κασέλα.

- Νίκο, η κασέλα είναι κλειδωμένη... Κάποιος κλείδωσε την κασέλα και πήρε το κλειδί! Νίκο, φοβάμαι! Πάμε γρήγορα έξω!

Αρχίσαμε να τρέχουμε προς τα έξω και τότε ήταν που η γη άρχισε να **τρέμει** και ακούσαμε μια φοβερή **βοή**...

- Θεέ μου, σεισμός...

Κομμάτια βράχια έπεφταν κάτω κι επάνω μας. Κάτι μεγάλο έπεσε επάνω μου, μ' έριξε κάτω, κι ένας δυνατός πόνος...

'Οταν άνοιξα τα μάτια μου, ο Νίκος ήταν δίπλα μου. Με κοιτούσε ανήσυχος. Μου χαμογέλασε. Η γη δεν έτρεμε πια. Πήγα να σηκωθώ. 'Εβγαλα μια φωνή. Το πόδι μου πονούσε φοβερά.

- Μην κουνιέσαι. Φοβάμαι ότι έχεις σπάσει το πόδι σου. Σου το έδεσα **πρόχειρα**. Αλλά δεν μπορώ να κάνω περισσότερα. 'Οταν με το καλό βγούμε έξω...

'Οταν με το καλό βγούμε... Ο νους μου πήγε στον σεισμό. Πόσο μεγάλος να ήταν; Τι να γινόταν στο χωριό; Είχανε καταστροφές εκεί...; Σκέφτηκα εμάς που ήμασταν μέσα στη σπηλιά, χωρίς να το ξέρει κανείς... Εμένα να μη μπορώ να περπατήσω και να πονάω... και δάκρυα άρχισαν να τρέχουν από τα μάτια μου... Ο Νίκος μού κρατούσε το χέρι μέχρι που ησύχασα. Αισθάνθηκα καλύτερα.

τρέμω   κουνιέμαι με μικρές συνεχείς κινήσεις
βοή   θόρυβος
πρόχειρα   χωρίς ιδιαίτερη ετοιμασία

- Νίκο, πρέπει κάτι να κάνουμε για να βγούμε από 'δώ μέσα, είπα.
- Εσύ δεν μπορείς να περπατήσεις, μου είπε. Πρέπει να φέρω βοήθεια. Για να βγω να φέρω βοήθεια, θα χρειαστώ τον φακό. Εσύ θα είσαι στα σκοτεινά...
- Δεν πειράζει. Θα τα καταφέρω. Πήγαινε 'σύ.

Δεν υπήρχε άλλη λύση. Και έπρεπε να κάνουμε γρήγορα. Η ώρα περνούσε. Ήταν ήδη μεσημέρι. Ο Νίκος μού χαμογέλασε, μου έσφιξε το χέρι, με φίλησε και έφυγε. Τον παρακολουθούσα με το μάτι μου μέχρι που τον έχασα...
Προσπάθησα να σκεφτώ ευχάριστα πράγματα, να ξεχάσω την κατάστασή μου... Δεν τα κατάφερνα. 'Αρχισα να σκέφτομαι τις διακοπές μου στο χωριό από την αρχή με λεπτομέρειες, από 'κεί που κατέβηκα από το λεωφορείο και να τις ζω ξανά. Είχα κλειστά τα μάτια. 'Αλλωστε δεν έβλεπα τίποτα στο σκοτάδι της σπηλιάς. Αλλά δεν έμεινα για πολύ έτσι. Κάποιο φως που πλησίαζε μ' έκανε ν' ανοίξω τα μάτια. Δεν ήταν άλλος από τον Νίκο. Δεν μου άρεσε η **όψη** του...
- Το άνοιγμα έχει κλείσει από πέτρες που έχουν πέσει... Δεν μπορούμε να βγούμε έξω από εκεί. Πρέπει να βρούμε άλλο τρόπο...

όψη   το πώς φαινόταν

'Αλλο τρόπο... Υπήρχε άλλος τρόπος...; Ήμασταν κλεισμένοι σε μια σπηλιά, ίσως όπως και ο Lawrence τότε... Ανατρίχιασα... Δάκρυα άρχισαν να τρέχουν πάλι από τα μάτια μου...

Ο Νίκος δεν είπε τίποτε άλλο, πήρε τον φακό, την πυξίδα και το σχοινί, αφού το έδεσε κοντά μου σ' ένα σταλαγμίτη, και άρχισε να το ξετυλίγει. Δεν ξέρω πόσος χρόνος πέρασε, μπορεί και να κοιμήθηκα... Τώρα πια δεν κρύωνα από την υγρασία της σπηλιάς, έκαιγα από τον πυρετό. Είδα τον Νίκο κοντά μου. Μου χαμογέλασε. Μου φάνηκε πιο χαρούμενος αυτή τη φορά.

- Θυμάσαι που είχαμε βρει ένα μικρό άνοιγμα, όταν ήμασταν όλοι μαζί, στην πρώτη σπηλιά και είπαμε ότι ίσως συνέχιζε; Ε λοιπόν, το βρήκα. Είναι μικρό πράγματι και πρέπει να το ανοίξω περισσότερο για να βγω, αλλά αύριο που θα είναι μέρα, θα τα καταφέρω. Απόψε θα πρέπει να μείνουμε εδώ.

Περάσαμε τη νύχτα κρατώντας ο ένας το χέρι του άλλου. Έξι η ώρα το πρωί, ο Νίκος σηκώθηκε. Δεν είχαμε πια ούτε νερό, ούτε φαγητό. Εγώ συνέχιζα να έχω πυρετό. Έπρεπε να βγούμε το γρηγορότερο. Δεν ξέρω πόση ώρα πέρασε. Μου φάνηκε ότι μέσα στον ύπνο μου άκουσα φωνές, είδα ανθρώπους, φίλους, γνωστούς... Με **μετέφε-**

μεταφέρω (αόριστος: μετέφερα) πηγαίνω κάποιον/κάτι κάπου

ραν κάπου από την ξηρά, από τη θάλασσα, μετά με αυτο-
κίνητο... Ήταν ωραία γιατί εγώ κοιμόμουν...

7 - Στην Αθήνα

Όταν ξύπνησα, ήμουν πια στο νοσοκομείο στην Αθήνα.
Με **γύψο** στο πόδι. Με τη μητέρα μου δίπλα μου να με
φροντίζει. Έμαθα ότι εκείνος ο περίεργος Άγγλος ήταν
που μας έσωσε. Εκείνος ήταν που ήξερε πού ήμασταν
όταν έγινε ο σεισμός... Όταν άρχισαν να μας ψάχνουν,
ήταν εκείνος που τους έδειξε πού ήμασταν! Ο Νίκος δε
χρειάστηκε να προσπαθήσει πολύ. Ήρθαν όλοι από το
χωριό και βοήθησαν απ' έξω. Τελικά ο Άγγλος δεν ήταν
τρελός... Ήταν ιστορικός. Έψαχνε να βρει τα ίχνη του
Lawrence... Είχε διαβάσει γι' αυτόν, για τις έρευνές του
και πως κάποια στιγμή **χάσανε τα ίχνη** του... μετά από
κάποιο σεισμό... Είχαν δίκιο στο χωριό που λέγανε ότι
σα να έψαχνε για κάποιο θησαυρό... Η κασέλα για 'κεί-
νον ήταν ίσως ο μεγαλύτερος θησαυρός!
Ο Νίκος μαζί με τον Δημήτρη ήρθαν και με είδαν στο
νοσοκομείο δύο φορές. Μετά άρχισε το σχολείο για μέ-
να, το Πολυτεχνείο για τον Νίκο. Στο σχολείο πήγα μετά
από ένα μήνα, αφού έβγαλα τον γύψο. Ήταν η τελευταία

χάνω τα ίχνη του   (αόριστος: έχασα)
δεν μπορώ να τον βρω πια

γύψος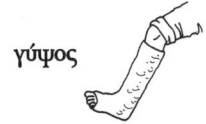

37

χρονιά και έπρεπε να προετοιμαστώ για τις εξετάσεις για
το πανεπιστήμιο μετά. Μιλήσαμε κάνα δυο φορές στο
τηλέφωνο, μετά χαθήκαμε. Μάθαινα πάντα τα νέα του
από την 'Αννα. 'Οταν τέλειωσε το Πολυτεχνείο, έφυγε
στην Αμερική για παραπέρα σπουδές. Παντρεύτηκε εκεί
μια Αμερικανίδα και έκαναν δύο κόρες.

ΕΠΙΛΟΓΟΣ

8 - Είκοσι χρόνια μετά

'Εχουν περάσει είκοσι χρόνια από τότε. Πόσα πράγματα
έχουν αλλάξει... Η καλή μου φίλη η 'Αννα, μετά από μια
δύσκολη αρρώστια, δε ζει πια. Πάει για πάντα το γέλιο
της, το παιχνιδιάρικο ύφος της... Το χωριό, η Στούπα
στη Νότια Πελοπόννησο, τουριστικό μέρος πια, πολύ λί-
γο θυμίζει το χωριό της εποχής εκείνης... Εγώ με μια κό-
ρη δέκα χρονών, χωρισμένη εδώ και κάποια χρόνια...
Της διηγήθηκα την ιστορία της σπηλιάς και ήθελε να δει
το μέρος από κοντά... Πήραμε το τρένο από Αθήνα μέχρι
Καλαμάτα και μετά το λεωφορείο από Καλαμάτα μέχρι
Στούπα, ακριβώς όπως και τότε...

Κατεβαίνοντας από το λεωφορείο, δεν ονειρευόμουν, τον είδα να είναι εκεί, λίγο πιο παχύς, με γκρίζα μαλλιά...

- Αλίκη!

- Νίκο... εσύ εδώ...;

- 'Ηρθα από την Αμερική την περασμένη εβδομάδα και ερχόμουν στη στάση κάθε μέρα την ώρα του λεωφορείου, σα να σε περίμενα...

Μού 'σφιξε το χέρι... ήμασταν συγκινημένοι...

- Η γυναίκα σου, οι κόρες σου είναι μαζί σου... ; ρώτησα για να επανέλθω στην πραγματικότητα.

- Οι κόρες μου ναι, ήλθαν για διακοπές μαζί μου... Χώρισα πριν ένα χρόνο.

- Α ναι; Κι εσύ...;

σφίγγω (αόριστος: έσφιξα) πιάνω γερά

επανέρχομαι (υποτακτική: να επανέλθω) γυρίζω, έρχομαι πάλι

ASKHSEIS

ΑΣΚΗΣΕΙΣ

MEROS PRWTO

ΜΕΡΟΣ ΠΡΩΤΟ

Κεφάλαιο 1

Α. Διαλέξτε το σωστό

1. Η Άννα έβγαζε τη _____ (μελαγχολική, χαρούμενη, μαύρη) πλευρά του χαρακτήρα της Αλίκης.
2. Η αυλή του σπιτιού της Αννας είχε _____ (πολλά λουλούδια, πολλά δέντρα, λίγα δέντρα).
3. Ο Νίκος ήταν _____ (μικρότερος από, μεγαλύτερος από, ίδια ηλικία με) την Αλίκη..
4. Ο Δημήτρης ήταν στο _____ (λύκειο, πανεπιστήμιο, Πολυτεχνείο).

Β. Απαντήστε στις ερωτήσεις

1. Πώς πάει κανείς από τη στάση στο σπίτι της Άννας;
2. Τι γνωρίζετε για τους δύο νέους στη στάση; Περιγράψτε τους.
3. Τι γνωρίζετε για την Άννα;

Κεφάλαιο 2

Α. Σωστό (Σ) ή λάθος (Λ);

1. Το χωριό είχε μια μεγάλη παραλία με μικρές πέτρες.

2. Είχε ένα μεγάλο ξενοδοχείο.
3. Οι κάτοικοι ήταν ευχαριστημένοι μ' αυτά που είχαν. Δεν ήθελαν περισσότερα.
4. Η Άννα και η Αλίκη έκαναν παρέα κάπου κάπου με τον Νίκο και τον Δημήτρη.
5. Δεν πήγαιναν πολλοί άνθρωποι στη σπηλιά αλλά στα παιδιά άρεσε να πηγαίνουν εκεί συχνά.

B. *Βάλτε τα ρήματα στον σωστό τύπο*

Μετά την πρώτη φορά, (παίρνω)____ από ένα φακό μαζί μας για τις εξερευνήσεις μας. (Περπατώ) ____ σ' όλη την αμμουδιά, παρατηρώντας το έδαφος και τις πλευρές της σπηλιάς.

- (Έρχομαι) ____ να (βλέπω) ____ τι (βρίσκω) ____, μας (φωνάζω) ____ ο Νίκος. Ένας βράχος (σχηματίζω) ____ κάτι σαν φυσική μπανιέρα και μέσα από 'κεί (βγαίνω) ____ παγωμένο γλυκό νερό.

- Η περιοχή (έχω) ____ γενικά πολλές πηγές που (φέρνω) ____ νερό από το βουνό, (συμπληρώνω) ____ ο Δημήτρης.

(Μπαίνω) ____ μέσα ένας-ένας και (μετρώ) ____ τον χρόνο που (μπορώ) ____ να (μένω) ____ μέσα στο κρύο νερό χωρίς πρόβλημα. Φυσικά εγώ (έρχομαι) ____ πρώτη, δεν καταλαβαίνω τίποτα από κρύο νερό.

- Νομίζω ότι (υπάρχω) ____ ένα χαμηλό άνοιγμα εδώ και (φαίνομαι) ____ σαν η σπηλιά να (συνεχίζω) ____

σε άλλο χώρο πιο βαθειά στη γη. (Λέω) _____ να (ανακα-
λύπτω) _____ κι άλλη σπηλιά...; (φωνάζω) ___ ο Δημή-
τρης.
- Και να έχει και σταλαχτίτες... ; (λέω) _____ εγώ.
(Αποφασίζω) _____, λοιπόν, να (βρίσκω) _____ τρόπο
να την (εξερευνώ) _____.

Κεφάλαιο 3

Α. Βάλτε τις λέξεις στη σωστή τους σειρά

- Μπορούσα δεν να μην το πω μου είπε τώρα αμέσως
  μόλις τον συνάντησα σε κάποιον. Είσοδο άλλη βρήκα
  για τη σπηλιά, την από ξηρά.
- 'Αρα Καταπληκτικά! ο καιρός μας επισκεφτούμε την
  μπορούμε να χωρίς να εμποδίζει, είπα. αμέσως δεί
  ξεις να τη μου Πάμε.
- παντελόνι Φόρεσε μακρύ μόνο και κλειστά γιατί τα
  βράχια είναι παπούτσια άγρια.

Β. Σωστό (Σ) ή λάθος (Λ);

1. Ο Δημήτρης ήταν ο κλειστός της παρέας.
2. Ήταν δύσκολο να φτάσει κανείς στη σπηλιά από την
   ξηρά.
3. Τελικά της Αλίκης της άρεσε περισσότερο ο Νίκος.
4. Η δεύτερη σπηλιά είχε λιγότερους σταλακτίτες από

την πρώτη.

5. Βγαίνοντας έξω από τη σπηλιά, ευτυχώς κανένας δεν είδε τον Νίκο και την Αλίκη.

6. Ο Δημήτρης τους περίμενε να μάθει πού ήταν.

Γ. *Βάλτε τις προτάσεις στη σωστή τους σειρά*

- Ναι, αλλά δεν μου είπατε τι κάνατε τόσες ώρες...
- Δεν ήξερα τι να σκεφτώ. Μα πού ήσαστε τόσες ώρες; Πήγα στον Δημήτρη και αυτός ο υπναράς κοιμάται ακόμα. Ανησύχησα τρομερά.
- Πάμε τώρα και θα σου πούμε άλλη στιγμή!
- είπε ο Νίκος. Κοιμάται; Πάμε, λοιπόν, να τον ξυπνή- σουμε με τον γνωστό τρόπο!

Κεφάλαιο 4

Α. *Διαλέξτε το σωστό*

1. Τα τείχη του κάστρου (έστεκαν όρθια παντού / ήταν μισογκρεμισμένα / ήταν τελείως γκρεμισμένα).

2. Ήταν η (δεύτερη / πρώτη / τρίτη) φορά που τα παι- διά βλέπανε τον Άγγλο.

3. Ο Άγγλος έμενε σε (μια σκηνή / ένα σπίτι / ένα ξενο- δοχείο).

4. Η Χριστίνα έπαιζε με (μία μπάλα / ένα κουβαδάκι / ένα άλλο παιδάκι).

5.   Η Αλίκη και ο Νίκος πήγαν στο κάστρο το (πρωί /
     μεσημέρι / απόγευμα).

B.   *Συμπληρώστε τα γράμματα που λείπουν*

-    Να πάλι αυτ__ ο περίεργ__ ξέν__, είπ__. Τι συμ-
     βαίν__, μας ακολουθ__ ή τον ακολουθούμ__...;
     Είν__ η τρίτ__ φορά που τον βλέπουμ__.
-    Τρίτη, πότε τρίτη; ρώτησ__ η 'Αννα.
-    Να, και... το πρωί που ήμαστ__ στην αμμουδιά με
     τη Χριστίνα που έλειπ__ εσύ στην Καλαμάτα, τον
     είδαμ__ να περνά__... είπ__, ευτυχώς, ο Νίκος.
-    Μα, πού μέν__, ξέρετ__; ξαναρώτησ__ η Αννα.

MEΡΟΣ ΔΕΥΤΕΡΟ

Κεφάλαιο 5

A.   *Διαλέξτε τις σωστές λέξεις και συμπληρώστε το κείμενο*

χέρι, άνοιγμα, χρώματα, έσφιξα, μπήκαμε δυνατά, πρώ-
τη, φακό, βγάλαμε, εκείνος, μαγεμένοι, πρώτη, ώρα

Βρήκαμε τις πέτρες, τις _____ και από το _____ μπήκα-
με μέσα. Η καρδιά μου χτυπούσε_____. Έπιασα το
_____ του Νίκου. Φτάσαμε στην _____ σπηλιά, βρήκα-

με το άνοιγμα και _____ στη δεύτερη. Νά 'μαστε λοιπόν στη δικιά μας _____! Ο Νίκος φώτισε με τον μεγάλο _____ τον χώρο. Μείναμε έτσι λίγη _____, κοιτάζοντας πάλι τα σχήματα και τα _____ που είχαν οι σταλακτίτες.

B. *Απαντήστε στις ερωτήσεις*

1. Τι πράγματα είχε μαζί του ο Νίκος και τι η Αλίκη;
2. Σε τι χρησίμευαν οι σπηλιές σε καιρό πολέμου;
3. Τι βρήκανε ο Νίκος και η Αλίκη μέσα στη σπηλιά;
4. Τι περιείχε η κασέλα;
5. Πότε και γιατί έρχονταν περιηγητές;

Κεφάλαιο 6

A. *Βάλτε στα κενά τις μικρές λέξεις που λείπουν*

- Νίκο, ___ κασέλα είναι κλειδωμένη... Κάποιος κλείδωσε ___ κασέλα και πήρε ___ κλειδί! Νίκο, φοβάμαι! Πάμε γρήγορα έξω!
Αρχίσαμε να τρέχουμε προς ___ έξω και τότε, ήταν που ___ γη άρχισε να τρέμει και ακούσαμε ___ φοβερή βοή ...
- Θεέ ___, σεισμός...
Κομμάτια βράχια έπεφταν κάτω κι επάνω ___. Κάτι μεγάλο έπεσε επάνω ___, ___ έριξε κάτω, κι ___ δυνατός πόνος...
Όταν άνοιξα ___ μάτια ___, ___ Νίκος ήταν δίπλα ___.

___ κοιτούσε ανήσυχος. ___ χαμογέλασε. ___ γη δεν έ-
τρεμε πια. Πήγα να σηκωθώ. Έβγαλα ___ φωνή. ___
πόδι ___ πονούσε φοβερά.

Β. Σωστό (Σ) ή λάθος (Λ);

1. Το 1783 έγινε ένας μεγάλος σεισμός.
2. Το κλειδί ήταν στην κλειδαριά.
3. Το πόδι και το χέρι της Αλίκης πονούσαν πολύ.
4. Το πέρασμα είχε κλείσει από τις πέτρες.
5. Ο Νίκος βρήκε ένα μεγάλο άνοιγμα για να περάσουν
   στην άλλη σπηλιά.

Κεφάλαια 7 και 8

Α. Βάλτε τα παρακάτω στη σωστή σειρά

- Α ναι, ... κι εσύ...;
- Οι κόρες μου ναι, ήλθαν για διακοπές μαζί μου...
  Χώρισα πριν ένα χρόνο.
- Ήρθα από την Αμερική την περασμένη εβδομάδα
  και ερχόμουν στη στάση κάθε μέρα την ώρα του λεω-
  φορείου, σα να σε περίμενα...
- Νίκο... εσύ εδώ...;
- Αλίκη!
Μού 'σφιξε το χέρι... ήμασταν συγκινημένοι...
- Η γυναίκα σου, οι κόρες σου είναι μαζί σου...; ρώτη-

σα για να επανέλθω στην πραγματικότητα.

B. *Διαλέξτε το σωστό*

1. Την Αλίκη στην Αθήνα την πήγαν στο (σπίτι της / νοσοκομείο / σχολείο).
2. Ο Άγγλος ήταν (τρελός / ιστορικός / καθηγητής).
3. Η Αλίκη ξεκίνησε το σχολείο (νωρίς / κανονικά / αργά) εκείνη τη χρονιά.
4. Η Αλίκη ξανασυνάντησε τον Νίκο (10/20/25) χρόνια μετά.
5. Ο Νίκος είχε έρθει στην Ελλάδα μαζί με (τις κόρες του / τη γυναίκα του / τις κόρες και τη γυναίκα του).

ΙΔΕΕΣ ΓΙΑ ΔΡΑΣΤΗΡΙΟΤΗΤΕΣ ΣΤΗΝ ΤΑΞΗ

ΔΡΑΣΤΗΡΙΟΤΗΤΑ 1

Μετά την ανάγνωση ενός κεφαλαίου ή ενός μέρους της ιστορίας, διαιρούμε την τάξη σε ομάδες. Κάθε ομάδα ετοιμάζει σ' ένα χαρτί ερωτήσεις κατανόησης σχετικά με το συγκεκριμένο κομμάτι που έχει διαβαστεί και τις δίνει στη διπλανή ομάδα για να τις απαντήσει. Παράδειγμα: Αν έχουμε σχηματίσει τρεις ομάδες, την Α, τη Β και τη Γ, η Α ετοιμάζει τις ερωτήσεις για τη Β και η Β για τη Γ. Όταν τα χαρτιά επιστραφούν με τις απαντήσεις, κάθε ομάδα διορθώνει την άλλη.

ΔΡΑΣΤΗΡΙΟΤΗΤΑ 2

Διαιρούμε την τάξη σε ζεύγη. Καθένας από τους δύο σπουδαστές ετοιμάζει μια γραπτή περίληψη ενός κεφαλαίου ή ενός μέρους της ιστορίας και δίνει το χαρτί του στον άλλο για να το διορθώσει.

ΔΡΑΣΤΗΡΙΟΤΗΤΑ 3

Ένας σπουδαστής μιλάει για έναν από τους χαρακτήρες της ιστορίας. Οι υπόλοιποι πρέπει να μαντέψουν για ποιον πρόκειται.

ΔΡΑΣΤΗΡΙΟΤΗΤΑ 4

Διαιρούμε την τάξη σε δύο ομάδες. Η πρώτη από τις δύο ομάδες σημειώνει τρεις λέξεις σ' ένα χαρτί και το δίνει στην άλλη. Η αντίπαλη ομάδα πρέπει να ετοιμάσει ένα σύντομο διάλογο χρησιμοποιώντας τουλάχιστον δύο από τις προτεινόμενες λέξεις. Η πρώτη ομάδα διαβάζει δυνατά τον διάλογο. Η δραστηριότητα επαναλαμβάνεται με τη δεύτερη ομάδα να προτείνει τρεις λέξεις στην πρώτη.

ΔΡΑΣΤΗΡΙΟΤΗΤΑ 5
Διαιρούμε την τάξη σε ζεύγη ή σε ομάδες, ανάλογα με τον αριθμό των χαρακτήρων που εμφανίζονται σ' ένα διάλογο της ιστορίας. Οι σπουδαστές παίζουν τον διάλογο, προσπαθώντας να επαναλάβουν όσο πιο πιστά γίνεται τις "ατάκες" του διαλόγου.

Παραλλαγή Α
Ο καθηγητής δίνει σε κάθε ομάδα ένα χαρτί με ένα διάλογο από την ιστορία από τον οποίο λείπουν κάποιες ατάκες. Οι σπουδαστές πρέπει να συμπληρώσουν τον διάλογο και μετά τον παίζουν.

Παραλλαγή Β
Οι σπουδαστές παίζουν ελεύθερα ένα διάλογο από την ιστορία.

ΔΡΑΣΤΗΡΙΟΤΗΤΑ 6
Οι σπουδαστές ετοιμάζουν μια γραπτή περιγραφή για την εξωτερική εμφάνιση ή/και την ψυχολογία ενός ή περισσότερων χαρακτήρων της ιστορίας.

Vocabulary

ακατοίκητο deserted, uninhabited

ανατριχιάζω to shiver

απόλαυση, n delight, pleasure

απομακρύνομαι to go away

ασταμάτητες unending, continuing

βαρκάδα, n go boating

βοή, n deep noise

βραχώδης rocky

βυθός, ο bottom of the sea

γαργαλάω to tickle

γενειάδα, n beard

γύψος, ο (plaster) cast

έδαφος, το ground

εμφανίζομαι to appear

εξερεύνηση, n exploration

εξερευνώ to explore

έξω καρδιά extrovert, joyful

επανέρχομαι to return, to go back

ευρήματα, τα finds

θάμνος, ο bush

θησαυρός, ο treasure

καλλιέργειες, οι cultivations

καλύπτω τις ανάγκες μου to cover one's needs

καμπαναριό, το bell-tower

κάνει το στρατιωτικό του he is doing his military service

κάνω νόημα to make a sign

καρφώνω to nail

κασέλα, n trunk

κάτι μας τυφλώνει something strikes us blind

κουβαδάκι, το toy bucket

κρίνω to judge

λιγόλογος not talkative, reserved

μαγεμένος bewitched

μετακινώ to remove

μεταφέρω to carry

μονοπάτι, το path

μύγα, n fly

νυχτερίδα, n bat

ξετυλίγω to unfold

όψη, n sight, appearance

περιβόλι, το orchard

περιέχει contains

περιηγητής, ο traveller

πηγάδι, το well

πλαγιά, n slope

πλάκες, οι jokes

πλησιάζω to approach

πρόχειρα without much preparation

πυξίδα, n compass

σακκίδιο, το racksack

σεισμός, ο earthquake

σιδερένια iron (adj.)

σκάβω to dig

σκαλοπάτι, το step (of a staircase)

σκαμνάκι, το small stool

σκάνε με ορμή hurl themselves (on the rocks)

σπηλιά, n cave

σταλαγμίτης, ο stalagmite

σταλακτίτης, ο stalactite

στέκουν όρθια they stand

συμβαίνει happens

σφίγγω to hold tightly

σχοινί, το rope

τείχος, το city wall

τελειωμό δεν είχαν there was no end to them

τρέμω to shake

τρίζω to squeak

φακός, ο search light, torch

φαλάκρα, n baldness

φτερό, το feather

φτυαράκι, το toy spade

φωλιά, n nest

χάνω τα ίχνη to lose track

ψάθα, n straw rug

Vocabulaire

ακατοίκητο inhabité

ανατριχιάζω frissoner

απόλαυση, n délice

απομακρύνομαι s' éloigner

ασταμάτητες ώρες sans cesse

βαρκάδα, n promenade en bateau

βοή, n grondement

βραχώδης rocheux

βυθός, ο fond de la mer

γαργαλάω chatouiller

γενειάδα, n barbe

γύψος, ο plâtre

έδαφος, το sol

εμφανίζομαι apparaître

εξερεύνηση, n exploration

εξερευνώ explorer

έξω καρδιά expansif, ouvert

επανέρχομαι revenir

εύρημα, το trouvaille

θάμνος, ο arbuste

θησαυρός, ο trésor

καλλιέργειες, οι cultures

καλύπτω τις ανάγκες μου couvrir ses besoins

καμπαναριό, το clocher

κάνει το στρατιωτικό του il fait son service militaire

κάνω νόημα faire signe

καρφώνω clouer

κασέλα, n coffre

κουβαδάκι, το petit seau

κρίνω juger

λιγόλογος peu bavard, silencieux

μαγεμένος ébloui

μετακινώ déplacer

μεταφέρω transporter

μονοπάτι, το sentier

μύγα, n mouche

νυχτερίδα, n chauve-souris

ξετυλίγω dérouler

όψη, n apparence, expression

περιβόλι, το jardin

περιέχει contient

περιηγητής, ο randonneur

πηγάδι, το puits

πλαγιά, n   flanc de la montagne

πλάκες, οι   blagues

πλησιάζω   s' approcher

πρόχειρα   sommairement

πυξίδα, n   boussole

σακκίδιο, το   sac à dos

σεισμός, ο   tremblement de terre

σιδερένια   en fer

σκάβω   creuser

σκαλοπάτι, το   marche

σκαμνάκι, το   tabouret

σκάω με ορμή   éclater violemment

σπηλιά, n   grotte

σταλαγμίτης, ο   stalagmite

σταλακτίτης, ο   stalactite

στέκομαι όρθιος   se tenir debout

τι συμβαίνει;   qu' est-ce qui se passe?

σφίγγω (το χέρι)   serrer la main

σχοινί, το   corde

τείχος, το   muraille

τελειωμό δεν είχαν   tout cela

n'en finissait pas

τρέμω   trembler

τρίζω   grincer

τυφλώνω   aveugler

φακός, ο   pile électrique

φαλάκρα, n   calvitie

φτερό, το   plume

φτυαράκι, το   petite pelle

φωλιά, n   nid

χάνω τα ίχνη   perdre les traces

ψάθα, n   natte de paille

Vokabular

ακατοίκητος unbewohnt

ανατριχιάζω frösteln, zittern

απόλαυση, η der Genuss

απομακρύνομαι sich entfernen

ασταμάτητες unaufhörlich, endlos

βαρκάδα, η der Bootsausflug

βοή, η das Dröhnen

βραχώδης felsig

βυθός, ο der Meeresgrund

γαργαλάω kitzeln

γενειάδα, η der Bart

γύψος, ο der Gips

έδαφος, το der Grund, der Boden

εμφανίζομαι erscheinen

εξερεύνηση, η die Erforschung (eines Landes)

εξερευνώ erforschen (Land)

έξω καρδιά extrovertiert, lustig

επανέρχομαι wiederkehren

ευρήματα, τα die Funde

θάμνος, ο das Gebüsch

θησαυρός, ο der Schatz

καλλιέργειες, οι der Anbau, die Züchtung

καλύπτω τις ανάγκες μου ich decke meinen Bedarf

καμπαναριό, το der Glockenturm

κάνει το στρατιωτικό του er macht seinen Militärdienst

κάνω νόημα winken

καρφώνω annageln, festnageln

κασέλα, η die Truhe

κάτι μας τυφλώνει etwas blendet unsere Augen

κουβαδάκι, το der Spielzeugeimer

κρίνω schätzen

λιγόλογος wortkarg

μαγεμένος bezaubert

μετακινώ bewegen

μεταφέρω tragen

μονοπάτι, το der Pfad

μύγα, n   die Fliege

νυχτερίδα, n   die Fledermaus

ξετυλίγω   ausbreiten, öffnen

όψη, n   das Gesicht

περιβόλι, το   der Obstgarten

περιέχει   beinhalten, enthalten

περιηγητής, ο   der Reisende

πηγάδι, το   der Brunnen,
der Ziehbrunnen

πλαγιά, n   der Hang

πλάκες, οι   der Spaß

πλησιάζω   sich nähern

πρόχειρα   unvorbereitet

πυξίδα, n   der Kompass

σακίδιο, το   der Rucksack

σεισμός, ο   das Erdbeben

σιδερένια   eisern

σκάβω   eingraben

σκαλοπάτι, το   die Treppenstufe

σκαμνάκι, το   kleiner Hocker

σκάνε με ορμή   mit Wucht (auf
die Felsen) schlagen

σπηλιά, n   die Höhle

σταλαγμίτης, ο   der Stalagmit

σταλακτίτης, ο   der Stalaktit

στέκουν όρθια   sie stehen
aufrecht

συμβαίνει   es passiert

σφίγγω   drücken, pressen,
schnüren

σχοινί, το   das Seil

τείχος, το   die Mauer, die
Stadtmauer

τελειωμό δεν είχαν   sie hatten
kein Ende

τρέμω   zittern

τρίζω   quietschen, knarren

φακός, ο   die Taschenlampe

φαλάκρα, n   der Kahlkopf

φτερό, το   die Feder

φτυαράκι, το   die
Spielzeugschaufel

φωλιά, n   das Nest

χάνω τα ίχνη   die Spuren
verlieren

ψάθα, n   die Strohmatte

ΜΕΡΟΣ ΠΡΩΤΟ

Κεφάλαιο 1

Α 1. χαρούμενη   2. πολλά δέντρα   3. μεγαλύτερος από
4. λύκειο

Β. 1. Παίρνει τον πρώτο δρόμο προς τη θάλασσα, ευθεία μέχρι κάτω στην παραλία και μετά αριστερά.
Υπάρχουν τρία πέτρινα διώροφα σπίτια στη σειρά, το σπίτι της Άννας είναι το μεσαίο.
2. Ο ένας ήταν ψηλός, μελαχρινός, περίπου στην ηλικία της Αλίκης. Ο άλλος μέχρι πέντε χρόνια μεγαλύτερος, κοντύτερος, ξανθοκάστανος. Ήταν μαυρισμένοι και οι δύο από τον ήλιο.
3. Γνωρίστηκαν με την Αλίκη πριν ένα χρόνο όταν νοίκιασε τον πρώτο όροφο στο σπίτι τους. Ήταν έγκυος τότε. Με μια τεράστια κοιλιά. Τα ελληνικά της με μια ξενική προφορά. Γεννημένη και μεγαλωμένη στην Αμερική από Έλληνες γονείς, ήλθε στην Ελλάδα για διακοπές, γνώρισε τον άντρα της και έμεινε. Της άρεσε η ζωή στην Ελλάδα. Παντρεύτηκαν, ο άντρας της δεν είχε κάνει το στρατιωτικό του και πήγε στρατιώτης. Τώρα σε λίγους μήνες τελείωνε. Επτά χρόνια μεγαλύτερη από την Αλίκη. Μ' ένα μωρό δέκα μηνών.

Κεφάλαιο 2

Α. 1. Λ 2. Λ 3. Σ 4. Λ 5. Σ

Β. Μετά την πρώτη φορά, **πήραμε** από ένα φακό μαζί

μας για τις εξερευνήσεις μας. **Περπατήσαμε** σ' όλη την αμμουδιά, παρατηρώντας το έδαφος και τις πλευρές της σπηλιάς.

- **Ελάτε** να **δείτε** τι **βρήκα**, μας **φώναξε** ο Νίκος. Ένας βράχος **σχηματίζει** κάτι σαν φυσική μπανιέρα και μέσα απ' εκεί **βγαίνει** παγωμένο γλυκό νερό.

- Η περιοχή **έχει** γενικά πολλές πηγές που **φέρνουν** νερό από το βουνό, **συμπλήρωσε** ο Δημήτρης.

Μπήκαμε μέσα ένας-ένας και **μετρήσαμε** τον χρόνο που **μπορούσαμε** να **μείνουμε** μέσα στο κρύο νερό χωρίς πρόβλημα. Φυσικά εγώ **ήρθα** πρώτη, δεν **καταλαβαίνω** τίποτα από κρύο νερό.

- Νομίζω ότι **υπάρχει** ένα χαμηλό άνοιγμα εδώ και **φαίνεται** σαν η σπηλιά να **συνεχίζει** σε άλλο χώρο πιο βαθιά στη γη. **Λες** να **ανακαλύψαμε** κι άλλη σπηλιά...; **φώναξε** ο Δημήτρης.

- Και να έχει και σταλαχτίτες...; **είπα** εγώ.

Αποφασίσαμε, λοιπόν, να **βρούμε** τρόπο να την **εξερευνήσουμε.**

Κεφάλαιο 3

Α. - Δεν μπορούσα να μην το πω τώρα αμέσως σε κάποιον, μου είπε μόλις τον συνάντησα. Βρήκα άλλη είσοδο για τη σπηλιά, από την ξηρά.

- Καταπληκτικά! Άρα μπορούμε να την επισκεφτούμε χωρίς να μας εμποδίζει ο καιρός, είπα. Πάμε αμέσως να μου τη δείξεις.

- Φόρεσε μόνο μακρύ παντελόνι και κλειστά παπούτσια

γιατί τα βράχια είναι άγρια.

Β. 1. Λ 2. Σ 3. Σ 4. Λ 5. Λ 6. Λ

Γ. - Μα πού ήσαστε τόσες ώρες; Ανησύχησα τρομερά. Δεν ήξερα τι να σκεφτώ. Πήγα στον Δημήτρη και αυτός ο υπναράς κοιμάται ακόμα.

- Κοιμάται; είπε ο Νίκος. Πάμε λοιπόν να τον ξυπνήσουμε με τον γνωστό τρόπο!

- Ναι, αλλά δεν μου είπατε τι κάνατε τόσες ώρες...

- Πάμε τώρα και θα σου πούμε άλλη στιγμή!

Κεφάλαιο 4

Α. 1. ήταν μισογκρεμισμένα 2. τρίτη 3. μία σκηνή 4. ένα κουβαδάκι 5. Απόγευμα

Β. - Να πάλι αυ**τός** ο περίεργ**ος** ξέν**ος**, είπ**α**. Τί συμβαί**νει**, μας ακολουθ**εί** ή τον ακολουθούμ**ε**...; Είν**αι** η τρίτ**η** φορά που τον βλέπουμ**ε**.

- Τρίτη, πότε τρίτη; ρώτησ**ε** η Άννα.

- Να, και... το πρωί που ήμαστ**αν** στην αμμουδιά με τη Χριστίνα που έλειπ**ες** εσύ στην Καλαμάτα, τον είδαμ**ε** να περνά**ει**... είπ**ε**, ευτυχώς, ο Νίκος.

- Μα, πού μέν**ει**, ξέρετ**ε**; ξαναρώτησ**ε** η Άννα.

ΜΕΡΟΣ ΔΕΥΤΕΡΟ

Κεφάλαιο 5

Α. Βρήκαμε τις πέτρες, τις **βγάλαμε** και από το **άνοιγμα** μπήκαμε μέσα. Η καρδιά μου χτυπούσε **δυνατά**. Έπιασα το **χέρι** του Νίκου. Φτάσαμε στην **πρώτη** σπηλιά, βρήκαμε το άνοιγμα και **μπήκαμε** στη δεύτερη. Νά 'μαστε λοιπόν στη δικιά μας **σπηλιά**! Ο Νίκος φώτισε με τον μεγάλο **φακό** το χώρο. Μείναμε έτσι λίγη **ώρα**, κοιτάζοντας πάλι τα σχήματα και τα **χρώματα** που είχαν οι **σταλακτίτες**.

Β. 1. Ο Νίκος είχε μαζί του πυξίδα, σχοινί, φωτογραφική μηχανή, μέτρο, μολύβι, χαρτί, ένα μεγάλο φακό, ένα μικρό τσαντάκι με ό,τι χρειάζεται για πρώτες βοήθειες και δύο πουλόβερ. Η Αλίκη είχε σε ένα σακκίδιο λίγο ψωμί, τυρί κι ελιές και ένα μπουκάλι νερό.

2. Στον δεύτερο παγκόσμιο πόλεμο, οι κάτοικοι του χωριού έκρυψαν εκεί αρκετούς Άγγλους ή Έλληνες που τους έψαχναν οι Γερμανοί και έτσι τους έσωσαν.

3. Ένα σκελετό και μια κασέλα.

4. Στη μια της πλευρά είχε προσωπικά είδη καθώς και αντρικά ρούχα και παπούτσια παλιάς εποχής και στην άλλη είχε βιβλία, σχέδια, σημειώσεις.

5. Έρχονταν τον 18ο και τον 19ο αιώνα στην Ελλάδα και ειδικά στη Μάνη για να μαζέψουν στοιχεία για την περιοχή.

Κεφάλαιο 6

Α. - Νίκο, **η** κασέλα είναι κλειδωμένη... Κάποιος κλείδωσε **την** κασέλα και πήρε **το** κλειδί! Νίκο, φοβάμαι! Πάμε γρήγορα έξω!

Αρχίσαμε να τρέχουμε προς **τα** έξω και τότε ήταν που **η** γη άρχισε να τρέμει και ακούσαμε **μια** φοβερή βοή...

- Θεέ **μου**, σεισμός...

Κομμάτια βράχια έπεφταν κάτω κι επάνω **μας**. Κάτι μεγάλο έπεσε επάνω **μου**, μ' έριξε κάτω, κι ένας δυνατός πόνος...

Όταν άνοιξα **τα** μάτια **μου**, **ο** Νίκος ήταν δίπλα **μου**. **Με** κοιτούσε ανήσυχος. **Μου** χαμογέλασε. **Η** γη δεν έτρεμε πια. Πήγα να σηκωθώ. Έβγαλα **μια** φωνή. **Το** πόδι **μου** πονούσε φοβερά.

Β. 1. Σ 2. Λ 3. Λ 4. Σ 5. Λ

Κεφάλαια 7 και 8

Α. - Αλίκη!

- Νίκο... εσύ εδώ...;

- Ήρθα από την Αμερική την περασμένη εβδομάδα και ερχόμουν στη στάση κάθε μέρα την ώρα του λεωφορείου, σα να σε περίμενα...

Μού 'σφιξε το χέρι... ήμασταν συγκινημένοι...

- Η γυναίκα σου, οι κόρες σου είναι μαζί σου...; ρώτησα για να επανέλθω στην πραγματικότητα.

- Οι κόρες μου ναι, ήλθαν για διακοπές μαζί μου...
Χώρισα πριν ένα χρόνο.

- Α ναι; Κι εσύ...;

Β. 1. νοσοκομείο 2. ιστορικός 3. αργά 4. 20 5. τις κόρες του

ΠΕΡΙΕΧΟΜΕΝΑ

ΑΚΟΥ ΝΑ ΔΕΙΣ

Ακούω και καταλαβαίνω ελληνικά

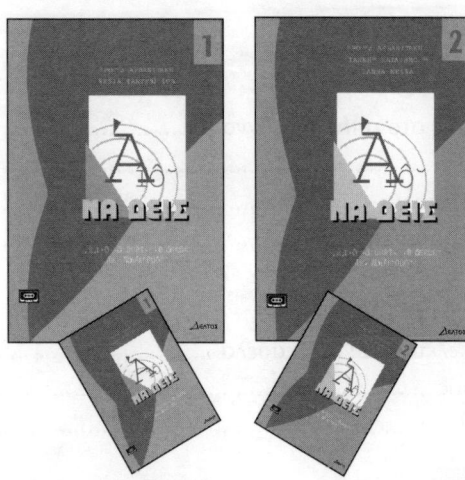

Μικρές Ιστορίες
σε Απλά Ελληνικά

◆ Ποιος είναι ο Α.Μ.;

◆ Έναν Αύγουστο στις Σπέτσες

◆ Το μοντέλο που ήξερε πολλά

◆ Περιπέτεια στη Μάνη

◆ Κανάλι 35

◆ Το μυστικό του κόκκινου σπιτιού

ΕΠΙΚΟΙΝΩΝΗΣΤΕ ΕΛΛΗΝΙΚΑ

Μέθοδος για να μάθετε ελληνικά

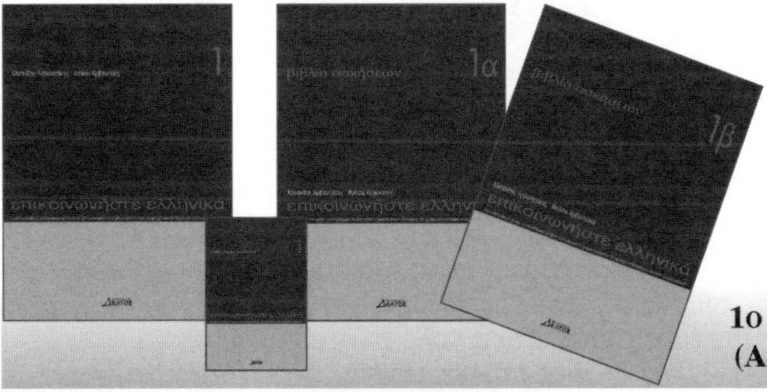

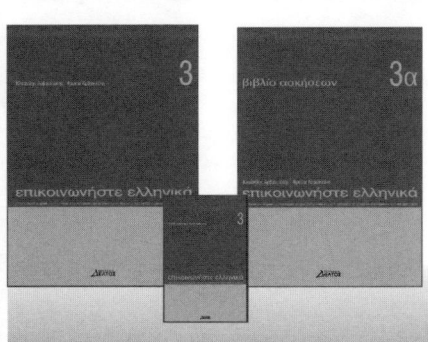

1ο Επιπεδο
(Αρχάριοι)

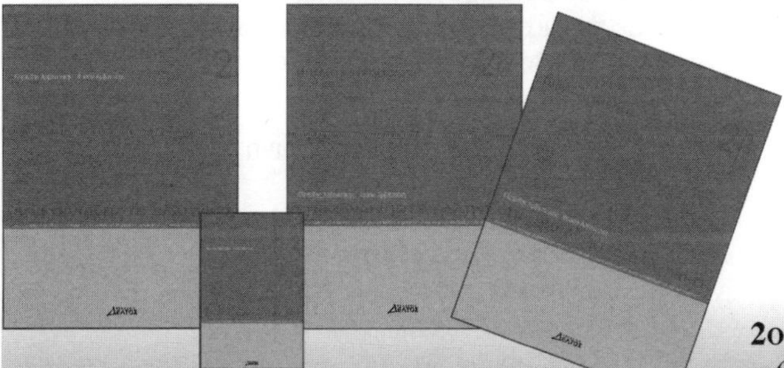

2ο Επιπεδο
(Μέσοι)

3ο Επιπεδο
(Προχωρημένοι)